Haz tu parte

Servicio a la comunidad

Kelly Rodgers

Asesora

Caryn Williams, M.S.Ed.
Madison County Schools
Huntsville, AL

Créditos de imágenes: Portada y pág. 1 Leland
Bobbé/Corbis/age fotostock; pág. 10 (izquierda) Ariel
Skelley/Blend Images/Alamy; págs. 24–25, 26–27 Blend
Images/Alamy; pág. 7 (arriba y a la derecha) Blue Jean
Images/Alamy; pág. 25 (derecha) Hill Street Studios/
Blend Images/Alamy; págs. 4–5, 23 Marmaduke St.
John/Alamy; pág. 15 (centro), 32 Richard Green/Alamy;
pág. 13 (arriba) VStock/Alamy; págs. 6, 10 (derecha) Jim
West/age fotostock; pág. 12 Alex J. Berliner/Associated
Press; pág. 21 (derecha) Peter Beck/Corbis; pág. 11 Brian
Babineau/NBAE/Getty Images; pág. 15 (abajo) John
Moore/Getty Images; pág. 29 (arriba) Michael H/Digital
Vision/Getty Images; págs. 2, 7 (arriba y a la izquierda
y ambas partes inferiores), pág. 4 (abajo), pág. 9 (arriba
y centro), pág. 28 (arriba) iStock; pág. 19 Lexa Hoang;
págs. 16-17 Amanda McCoy/MCT/Newscom; pág. 29
(abajo) Jim West/Image Broker/Newscom; pág. 17 (arriba)
Mark & Audrey Gibson/Stock Connection Worldwide/
Newscom; pág. 21 (izquierda) Nils Hendrik Muller/
Cultura/Newscom; págs. 14–15 Paul J. Richards/AFP/
Getty Images/Newscom; pág. 31 Zero Creatives/Cultural/
Newscom; todas las demás imágenes pertenecen a
Shutterstock.

Teacher Created Materials

5301 Oceanus Drive
Huntington Beach, CA 92649-1030
http://www.tcmpub.com

ISBN 978-1-4938-0596-9

© 2016 Teacher Created Materials, Inc.
Printed in China
YiCai.032019.CA201901471

Índice

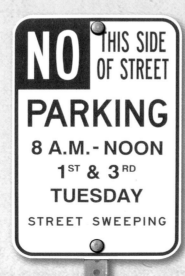

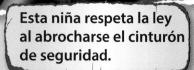

Esta niña respeta la ley al abrocharse el cinturón de seguridad.

Ciudadanos responsables

Los **ciudadanos** estadounidenses son miembros de nuestro país. Todos tenemos **derechos**. Estos son las cosas que todas las personas deben poder hacer y tener. Somos libres. Podemos pensar lo que queramos y podemos decir lo que creemos. La Constitución de EE. UU. protege estos derechos.

Estos niños son ciudadanos responsables porque escuchan a la guardia de cruce escolar.

Nuestra Constitución

La Constitución de EE. UU. es el principal conjunto de leyes de Estados Unidos. Dice cómo funciona el gobierno. Además, enumera nuestros derechos. En ella se dice que "nosotros, el pueblo" estamos a cargo de Estados Unidos.

Además de derechos, tenemos **responsabilidades**. Son nuestros deberes, o las cosas que debemos hacer. Los buenos ciudadanos son responsables. Respetan la Constitución de EE. UU. Siguen las reglas. No infringen las leyes. Respetan los derechos y las creencias de los demás. Participan en nuestro gobierno. Los ciudadanos responsables trabajan para mejorar su país.

Comunidad

Vivimos en comunidades. Vamos a la escuela y practicamos deportes en equipos. Compramos en tiendas y comemos en restaurantes. Visitamos bibliotecas y recorremos parques. Todos estos lugares forman una comunidad.

Las personas de una comunidad no siempre son iguales. Es posible que no todos usemos la misma ropa. Es posible que no todos comamos las mismas comidas. Pero todos compartimos ciertos objetivos. Todos queremos que nuestras comunidades sean mejores lugares para vivir.

Algunas comunidades son pequeñas. Otras son grandes. Pero muchas comunidades forman nuestra nación. Cuando ayudamos a nuestras comunidades, somos buenos ciudadanos.

Estas personas ayudan a construir viviendas para las personas de Nueva Orleans.

tienda

familia

ESTAS SON PARTES DE UNA COMUNIDAD.

parque

equipo deportivo

Aprende a hacer tu parte

Hay muchas maneras de aprender cómo hacer tu parte. Nuestras comunidades tienen reglas que nos ayudan a aprender qué hacer. Hay reglas para los hogares y las escuelas. Nuestro país también tiene reglas. Se llaman *leyes*. Algunas leyes se encuentran en la Constitución de EE. UU. Otras se pueden encontrar en letreros o libros. Las leyes nos ayudan a saber cómo ser buenos miembros de nuestra comunidad. Respetar la ley es una parte importante de ser un buen ciudadano.

También puedes aprender de las personas en tu comunidad. Puedes escuchar a tus padres y hablar con tus maestros. Te mostrarán la forma de ser un buen ciudadano y cómo ayudar en tu comunidad. ¡Este libro también te ayudará a aprender!

Los letreros de nuestra comunidad nos recuerdan que debemos seguir las leyes.

Esta familia sigue las leyes al usar cascos.

Esta niña sigue las reglas de la escuela al levantar la mano.

LEYES

Formas de ayudar

Ayudar a la comunidad es parte de ser un buen ciudadano. Puedes ayudar a las personas y mantener tu comunidad limpia. Puedes tratar a los demás de forma justa. ¡Estas son todas buenas maneras de ayudar!

Ofrecerse como voluntario

La gente tiene que trabajar duro para que sus comunidades sean excelentes. Los líderes de la comunidad hacen parte de este trabajo, pero los **voluntarios** también desempeñan un papel importante. Esto significa que ellos hacen su trabajo de forma gratuita. Lo hacen porque quieren ser buenos ciudadanos.

Los voluntarios no reciben dinero por su trabajo, pero obtienen algo a cambio. Hacen nuevos amigos y aprenden a hacer cosas nuevas. Aprenden a ser parte de un equipo. Ayudan a construir mejores comunidades. Se siente bien ayudar a los demás. Al ser voluntario, puedes ayudar a hacer del mundo un lugar mejor.

Ellas se ofrecen como voluntarias para construir una casa.

Algunas personas trabajan como voluntarios en comedores comunitarios, donde la gente puede comer de forma gratuita.

Bancos de alimentos

Un banco de alimentos es como una tienda, pero la comida allí es gratuita. Es para los necesitados que no tienen dinero para comprar comida. Los bancos de alimentos necesitan voluntarios. Necesitan personas que ayuden a clasificar y poner los alimentos en cajas.

Donar

Todas las comunidades tienen personas que necesitan ayuda. Tal vez hayan perdido el trabajo. Tal vez no puedan alimentar a sus familias. Tal vez no tengan un lugar donde vivir. A veces, las personas se enferman gravemente. Puede ser que no puedan cuidar de sí mismas. Estas personas necesitan ayuda.

Rico Rodríguez recauda dinero para Share Our Strength.

Share Our Strength

Share Our Strength es una organización de beneficencia que ayuda a los niños con hambre. Hay casi 13 millones de niños con hambre en Estados Unidos. Share Our Strength ayuda a conseguir alimentos para los niños necesitados.

Hay muchas maneras de llegar a las personas necesitadas. Existen **organizaciones de beneficencia** locales. Son grupos que ayudan a los necesitados. La gente puede **donar**, o dar, a estas organizaciones de beneficencia. Algunas personas donan dinero. Las organizaciones de beneficencia pueden usarlo para comprar alimentos, medicamentos y ropa.

Algunas personas donan artículos, como ropa o alimentos. Algunas organizaciones de beneficencia reciben muebles, juguetes y libros. Les dan estas cosas a las personas que las necesitan. Donar ayuda a que una comunidad sea más fuerte. Además, se siente bien saber que estás ayudando a los necesitados.

Esta niña dona comida enlatada para una colecta de alimentos.

Las personas pueden donar alimentos y suministros a organizaciones de beneficencia.

CAJA DE DONACIÓN

Cada año, los **desastres naturales** impactan Estados Unidos. Suceden inundaciones e incendios. Estos desastres pueden ocurrir rápidamente. A veces, no hay ninguna advertencia. Dejan a muchas personas en situación de necesidad. Es importante que todos ayudemos cuando ocurre un desastre.

A veces, la gente no sabe cómo ayudar. Es posible que deseen donar alimentos o ropa. Pero no saben cómo hacer llegar las cosas a la gente de todo el país. Los grupos de **asistencia** trabajan para conseguir suministros para personas que los necesiten. La Cruz Roja es un grupo de asistencia. Recibe donaciones. Luego, las entrega a los necesitados. La Cruz Roja ayuda incluso a personas de otros países.

Los voluntarios de la Cruz Roja trabajan para dar alimentos y suministros a la gente después del huracán Sandy.

Huracán Sandy

En 2012, un huracán enorme azotó la costa este de Estados Unidos. Causó mucho daño y dejó a muchas personas en necesidad de ayuda. ¡Pero muchas otras se ofrecieron como voluntarias! Se unieron para ayudar a reconstruir las comunidades.

Una asistente de la Cruz Roja habla con una familia después de una inundación en 2012.

Mantenlos limpios

Los lugares **públicos** son áreas que todos pueden utilizar.
¿Alguna vez has construido un castillo de arena en una playa o has
nadado en el mar? ¿Tal vez has caminado por un bosque o tuviste
un divertido día de campo en un parque? Todos estos son lugares
públicos. Los lugares públicos son una parte importante de las
comunidades. Existen para que todos los disfruten. Es importante
mantener los lugares públicos limpios y seguros.

Estos niños recogen basura en un río.

Estos niños clasifican basura en su comunidad.

Ayudar a los hábitats

Las personas no son los únicos seres vivos que comparten nuestros espacios públicos. Muchas plantas y animales viven en bosques, parques y el mar. Puedes ayudar a estas plantas y animales manteniendo sus hábitats, u hogares, limpios.

Todos pueden acercarse y ayudar a mantener limpios los espacios públicos. No tires basura al suelo. Si lo haces, estarás infringiendo la ley. La basura debe arrojarse en un contenedor de basura. Si ves basura en el suelo, ¡bótala al contenedor de basura! Trata de dejar los lugares mejor de lo que estaban cuando llegaste.

Reciclar

Las personas pueden ayudar a sus comunidades mediante el **reciclaje**. Esto significa tomar artículos usados y convertirlos en algo nuevo. Hay muchos artículos que se pueden reciclar. El vidrio, las latas y el cartón se pueden reciclar. ¡Incluso los neumáticos se pueden reciclar! Estos se pueden usar para hacer carreteras nuevas.

Las personas también pueden ayudar generando menos basura. Hay muchas maneras de lograr eso. Una forma es comprar botellas de agua reutilizables en lugar de las de plástico. Otra forma es usar bolsas de tela reutilizables en las tiendas. Eso evita que se tire una gran cantidad de bolsas de plástico. ¡Los pequeños cambios como estos pueden marcar una gran diferencia!

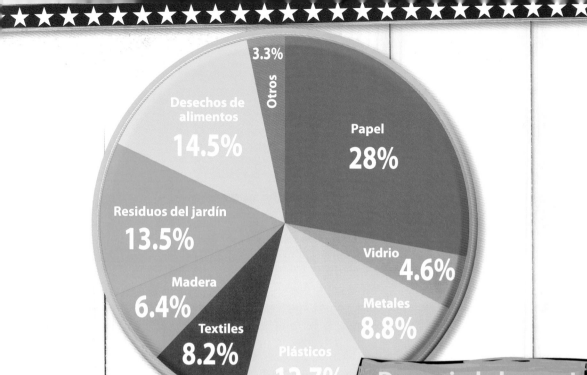

Otros 3.3%

Desechos de alimentos 14.5%

Papel 28%

Residuos del jardín 13.5%

Vidrio 4.6%

Madera 6.4%

Metales 8.8%

Textiles 8.2%

Plásticos 12.7%

Este gráfico circular muestra el porcentaje de materiales en la basura de los estadounidenses cada año.

¡Demasiada basura!

¡En 2009, los estadounidenses generaron suficiente basura para dar la vuelta al mundo 24 veces! Esta es solo una de las razones por las que es importante reciclar. ¡No queremos vivir en un planeta cubierto de basura!

Los estadounidenses generaron cerca de 250 millones de toneladas de basura en 2011.

Hay 14 mil millones de libras de basura en el mar.

Este hombre ayuda a una anciana a desplazarse por la ciudad.

Cuidar a los demás

A veces, algunas personas necesitan nuestra ayuda. Algunas de estas personas son los **ancianos**. Estas personas son nuestros ciudadanos mayores. A medida que las personas envejecen, algunas cosas les resultan más difíciles de hacer. Algunos ancianos no pueden ver tan bien como lo hacían antes. Puede ser que tengan que dejar de conducir. Por eso, necesitan ayuda para ir a la tienda o al médico.

Algunos ancianos viven lejos de sus familias. A veces, se sienten solos. Puedes ayudarlos visitándolos. Tienen muchas historias divertidas para contar. Las personas ancianas son grandes maestros. Han aprendido muchas cosas en la vida. Nos pueden enseñar sobre el pasado.

Esta niña ayuda a su abuelo con la corbata.

Esta niña ayuda a su abuela a cocinar.

Algunos miembros de las comunidades no pueden ayudarse a sí mismos. Los animales necesitan protección y cuidado. Los buenos dueños se ocupan de las necesidades de sus mascotas. Pero a veces, no se cuida a los animales. Las mascotas también pueden perderse. Las mascotas no son como los animales silvestres. No saben sobrevivir sin nuestros cuidados. Si las mascotas se pierden, las personas pueden ayudarlas a regresar con sus dueños. Si las mascotas se lastiman, las personas pueden conseguirles ayuda médica.

Los **refugios** de animales alimentan, bañan y juegan con los animales perdidos o heridos. Tu familia puede donar tiempo y ayuda a los refugios. O bien, puedes **adoptar** una mascota que no tenga hogar.

Esta niña cuida bien a su perro.

Adoption Procedures

Animals available by application only. If you are interested in an animal, please fill out an application. Decisions are made by committee bi-weekly on Wednesday and Saturday. Animals are not available on a first come basis; every effort is made to place the animal in the most suitable home.

Cats & Kittens...$65.00

Included with each adoption
- Veterinarian exam
- 2 FVRCP vaccines
- 1 Rabies vaccine
- Felv/Fiv test & 1st vaccine
- 4 intestinal wormings
- Flea baths
- Neuter/Spay
- Microchip Implant
- Any medical treatments required while at Animal Shelter

Dogs & Puppies...$100.00

Included with each adoption
- Veterinarian exam
- 2 DHLPP vaccines
- 2 Corona/Bordetella vaccines
- 1 Rabies vaccine
- 4 intestinal wormings
- Flea baths
- Neuter/Spay
- Microchip Implant
- Any medical treatments required while at Animal Shelter

Note: All cats adopted must leave in a carrier (yours, or you may purchase one for $7.50)

Esta mujer adopta un gato de un refugio.

Derechos de los animales

Las mascotas son parte de la comunidad. Los animales también tienen derechos. Nuestro país tiene leyes contra el maltrato hacia los animales.

Votar

En Estados Unidos, podemos elegir a nuestros líderes. Tenemos la oportunidad de participar en nuestro gobierno. Es nuestro deber saber cómo funciona el gobierno. Debemos saber quiénes son nuestros líderes. Debemos entender y respetar las leyes de nuestro país.

Votar es parte de ser un ciudadano responsable. Cuando la gente vota, elige a los líderes de nuestro país. También decide sobre las normas y leyes del país. Antes de votar, las personas se informan sobre los líderes y las leyes. De esta manera, pueden decidir lo mejor para Estados Unidos.

Estas personas votan para marcar una diferencia.

Un día, podrás votar. Pero incluso hoy puedes aprender acerca de nuestros líderes. Puedes averiguar sobre las leyes. También puedes hablar con la gente sobre los problemas de tu comunidad. ¡Puedes ayudar a marcar la diferencia!

Leyes electorales

Tienes que ser ciudadano estadounidense para votar. También debes tener al menos 18 años de edad.

¡Votar!

VOTE

VOTE

POLLING PLACE

Construyamos un mundo mejor

Todos formamos parte de una comunidad. Formamos parte de una familia. Vivimos en vecindarios. Vamos a la escuela. Jugamos juntos. Trabajamos juntos. Nuestras comunidades forman el país.

Como estadounidenses, disfrutamos de muchas libertades. Podemos ser felices y estar seguros. Tenemos el derecho de hablar libremente. Podemos creer en lo que queramos. Pero también tenemos responsabilidades. La mejor manera de proteger nuestra libertad es siendo buenos ciudadanos. Podemos hacer esto al ayudar a nuestras comunidades.

Debemos respetar las leyes. Debemos cuidarnos entre todos. Debemos respetarnos. Todos tenemos que hacer nuestra parte. Esto mantiene fuertes a nuestras comunidades. Si trabajamos juntos, podemos construir un mundo mejor para todos.

¡Inténtalo!

Hay muchas cosas que puedes hacer para mejorar tu comunidad. Puedes ayudar a un vecino. Puedes limpiar un parque. Puedes ser voluntario en un refugio de animales. Busca algo que te interese. Encuentra una manera de marcar la diferencia. Luego, ¡sal a marcar la diferencia!

Estos niños donan ropa que ya no usan.

VOLUNTARIO

VOLUNTARIO

CAJA DE DONACIÓN

Esta familia se cuida entre sí.

Estos niños limpian su comunidad.

Glosario

ancianos: mayores, pasada la mediana edad

adoptar: tomar como propio según la ley

asistencia: cosas como dinero, alimentos o medicamentos que se les da a las personas necesitadas

ciudadanos: personas que pertenecen legalmente a un país

derechos: cosas que se le deberían permitir tener o hacer a una persona

desastres naturales: eventos repentinos y terribles ocasionados por la naturaleza

donar: dar algo para ayudar a una persona u organización

organizaciones de beneficencia: grupos que ayudan a los necesitados

públicos: que todos pueden usarlos

reciclaje: hacer algo nuevo de algo que se usó anteriormente

refugios: lugares que brindan alimentos y protección a personas o animales que necesitan ayuda

responsabilidades: tareas o deberes obligatorios

voluntarios: personas que trabajan sin recibir dinero a cambio

Índice analítico

¡Tu turno!

Sé un modelo a seguir

Ser un buen ciudadano significa ayudar a tu comunidad.
¿Cómo eres un buen ciudadano? Haz una lista de todas las formas
en que ayudas a tu comunidad. Luego, comparte tu lista con
los demás. Sé un buen modelo a seguir. Esto inspirará a otras
personas a hacer lo mismo.